Rolf Kauka's

BUSSI BÄR Kinderbibliothek

Feriengeschichten mit Strubbelpeter und Schnatterliese

MOEWIG

Ein farbiges BUSSI-BÄR-KINDERBUCH
für glückliche Kindertage

Originalausgabe

Konzeption, Layout und Redaktion:
Bernd Gärtig
Illustrationen: Angel Nadal und Ana Merino
Umschlagentwurf und Umschlaggestaltung:
Werbeagentur Zeuner, Ettlingen
Umschlagillustration: Ana Merino
Satz: Setzerei Franz, Bischweier
Repros: Repro-Perschke GmbH, Bruchsal
Druck und Bindung: Printer Portuguesa, Lissabon
Auslieferung in Österreich:
Pressegroßvertrieb Salzburg Gesellschaft m. b. H.,
Niederalm 300, A-5081 Anif, Österreich
Printed in Portugal 1991

ISBN 3-8118-8424-7

Inhalt

Vorwort

Die Zwillinge Strubbelpeter und Schnatterliese begeistern seit Jahrzehnten mit ihren Erlebnissen jeden Monat von neuem die Kinder.
Die schönsten Geschichten von Strubbelpeter und Schnatterliese aus der Kinderzeitschrift Bussi-Bär, der ersten wissenschaftlich empfohlenen Spiel- und Vorschule, sind in diesem interessanten Erlebnisbuch in Versform zusammengestellt.
Dazu schenkt Bussi-Bär seinen Freunden einige Bastel- und Spielanregungen.

Viel Spaß mit den heiteren Geschichten
von Strubbelpeter und Schnatterliese
wünscht allen Kindern in der Welt
die BUSSI-BÄR-Redaktion

Endlich sind Schulferien! Am ersten Ferientag laden Strubbelpeter und Schnatterliese alle Freunde in ihren Zirkus ein. Schnatterliese ist ein lustiger Clown. Doch dann erscheint ein Löwe mit freundlichem Gebrumm vor dem kleinen Publikum…

Strubbelpeter, Schnatterliese,
die Geschichte, die ist diese:

Peter und das Lieselein
laden heut zum Zirkus ein.
Jeder komme, wenn er mag,
an diesem ersten Ferientag.

Alle sind adrett und schnieke,
Liese macht als Clown Musike
mit tschingbum und kündigt dann
große Attraktionen an.

Beispielsweise Akrobaten,
Feuerfresser aus den Staaten.
„Doch der größte Hammer ist
unser Löw', der Möhren frißt!

Dieser Löwe, sanft und mild,
wird nur dann fuchsteufelswild,
wenn man ihn aus Bosheit neckt
und auch irgendwie erschreckt!"

In althergebrachter Weise
spottet Klaus: „Du hast 'ne Meise ...
Keck sag' ich dir ins Gesicht:
Solche Löwen beißen nicht!"

Während Klaus noch weiterspottet,
kommt der Löwe angetrottet,
und mit freundlichem Gebrumm
mustert er das Publikum.

Liese, mit der Peitschen Zwille,
mahnt zu absoluter Stille,
doch der schlimme Vetter Klaus
lacht den Urwaldkönig aus.

KRRR!

Als der Klausi dann vorhupft
und am Ohr den Löwen zupft,
springt der Löwe mit viel Gebrüll
vor, als ob er fressen will.

Zu des Publikums Ergötzen
flieht der Vetter voll Entsetzen …
„Löwen-Peter“ kommt heraus,
knipst das Urwaldtonband aus.

Strubbelpeter, Schnatterliese,
die Geschichte, die war diese.

Ein Ausflug mit den Fahrrädern ist sportlich, gesund und umweltschonend. Das wissen Strubbelpeter, Schnatterliese und ihre Eltern. Und so radeln, picknicken und spielen sie vergnügt an diesem Ferientag…

Strubbelpeter, Schnatterliese,
die Geschichte, die ist diese:

An dem Frühstückstisch gemütlich
redet die Familie gütlich.
Jeder weiß am Ferientag,
was gern die liebe Mutti mag.

Dann sind Liese, Peter fleißig:
Schüssel, Flaschen und was weiß ich
packen die Geschwister ein …
Draußen lockt der Sonnenschein!

Muttis Wunsch war es seit Jahren,
auf dem Rad hinauszufahren
mit den Kindern und Papa.
Dieses Wunschziel ist nun nah!

Umweltfreundlich ist das Radeln,
darum ist es nicht zu tadeln,
auch macht dieser „Drahtesel-Ritt"
die Glieder und Gelenke fit.

Kräftig tritt man die Pedale,
radelt frohgemut zu Tale.
Liese und Peter strampeln keck,
frohgelaunt schnatternd, vorneweg.

Dann spielt Mutti mit der Liese
Federball auf grüner Wiese.
Der Vati grillt, und mit Geklirr
wühlt Strubbelpeter im Geschirr.

Pustend wie die Dampfmaschine
aber mit verklärter Miene,
denn Federball gefällt ihr sehr,
springt die Mutti hin und her.

Mutti schwingt den Schläger nieder,
Liese pfeift die schönsten Lieder.
Federball spielen zwei Damen,
nicht bekannt sind ihre Namen.

Ebenso vergnügt wie diese
ist auch heute Schnatterliese.
„He!" ruft Strubbelpeter. „Nicht so wild!"
Der Vater emsig weitergrillt.

Sport macht hungrig, das weiß jeder,
selbstverständlich auch der Peter.
Drum sorgt Peter für viel Salat,
er mischt und würzt ihn delikat.

Mutti lobt total begeistert:
„Das habt ihr ganz toll gemeistert...
Glaubt mir, was ich euch sage,
herrlich sind die Ferientage!"

Strubbelpeter, Schnatterliese,
die Geschichte, die war diese.

Endlich sind Sommerferien! Nach Herzenslust spielen Strubbelpeter und Schnatterliese Ball im Garten. Zu Besuch erscheint Tante Ruth an diesem Tag, und das zuckersüße Unglück geschieht...

Strubbelpeter, Schnatterliese, die Geschichte, die ist diese:

Liese, Peter sind im Garten,
und Besuch ist zu erwarten.
Mutti ist in Eile sehr:
„Helft mir, Kinder! Schnell, kommt her!“

„Spielen können wir auch später“,
sagt die Liese zu dem Peter.
„Läuft uns ja nicht weg, der Ball …“
Peter schmunzelt: „Klarer Fall!“

Hoppla! Habt ihr das gesehen?
Fast wär's um die Milch geschehen!
Na, das ging ja noch mal gut,
und da kommt schon Tante Ruth.

Tante sagt nach der Begrüßung:
„Hier hab' ich uns zur Versüßung
dieses Tags was mitgebracht...",
und der Deckel wird aufgemacht!

Tante Ruth verzieht das Näslein,
wie ein krankes Osterhäslein:
„Das soll frische Sahne sein?
Puh, die riecht ja hundsgemein!"

Mutti ruft: „Die ist im Eimer!
Kinder, lauft zum Bäcker Steimer
mit der Schüssel und dem Geld...!
Nehmt den Fußweg übers Feld!"

Süße Sahne, frisch geschlagen,
wird vergnügt nach Haus getragen.
Unterwegs prüft man voll List,
ob sie auch genießbar ist.

Da beginnt sich anzubahnen
Unheil, das sie noch nicht ahnen.
Auf dem Feldweg, dicht am Haus,
kickt den Fußball Vetter Klaus.

Kraftvoll schießt der wilde Vetter
einen Steilpaß – Donnerwetter!
Und das runde Leder klatscht
in die Sahne, daß es platscht.

Gleich fängt Kläuschen an zu schrein:
„Wow, ich krieg' mich nicht mehr ein . . . !
Liesel, Liesel, du siehst aus
wie die Zuckerwattemaus!"

Peter hat sogleich entdeckt,
daß die Liese lecker schmeckt,
und er sagt zu Klaus: „Mein Bester,
danke für die süße Schwester!“

Strubbelpeter, Schnatterliese,
die Geschichte, die war diese.

An einem regnerischen Ferientag besuchen Strubbelpeter und Schnatterliese die Vorstellung von Zauberer Egon Klein. Der große Zauberer zaubert wahnsinnig selbstsicher und so fein...

**Strubbelpeter, Schnatterliese,
die Geschichte, die ist diese:**

Zauberkünstler Egon Klein
denkt: „Hier bin ich nicht allein
und kann unbelauscht beizeiten
meinen ‚Zauber' vorbereiten."

Schnell die Häslein ins Verlies!
Lies' und Peter sehen dies,
finden so was sehr gemein,
ängstlich grunzt das kleine Schwein.

Ehe Häslein sich versehn,
ist das Unglück schon geschehn,
und sie landen voller Bängnis
durch die Klappe im Gefängnis.

Egon macht die Klappe zu,
geht nach Haus in Seelenruh.
Peter sagt zum Schwesterlein:
„Diesmal fällt der Egon rein!“

Schnell macht er die Klappe auf,
holt die kleinen Hasen rauf,
und er lacht: „Das wird ein Spaß
heute abend. Wetten daß?“

„Häslein, komm aus dem Zylinder!“
nuschelt Klein. Die beiden Kinder
Lies’ und Peter starrn gespannt
auf den Stab in Egons Land.

Mag den Stab er noch schwingen,
diesmal muß der Trick mißlingen!
„Kommt heraus!“ faucht Egon bös’,
denn er ist schon sehr nervös.

Egon denkt, total verzweifelt,
das ist heut' ja wie verteufelt!
„Krötenschleim und Höllenbrut,
hüpft ihr endlich aus dem Hut?"

Nichts passiert, trotz Egons Locken.
Der ist völlig von den Socken.
So was, denkt er irritiert,
ist mir ja noch nicht passiert!

Unvermutet springen plötzlich
auf die Bühne – wie entsetzlich! –
Häslein aus dem Publikum.
Egon kreischt, dann fällt er um!

Strubbelpeter, Schnatterliese,
die Geschichte, die war diese.

Bussi und seine Freunde tanzen singend im Kreis. Bello ist die Zipfelmütze. Er tanzt in der Kreismitte. Das Kind, vor dem Bello bei der Aufforderung stehenbleibt, ist die zweite Zipfelmütze und tanzt mit Bello.

Es geht eine Zipfelmütze

Spiele, bastle und singe mit Bussi-Bär und Bello am Strand

Ferien am Meer sind schön. Gerne spielen, basteln und singen Bussi-Bär und Bello am Strand. Was sie am allerliebsten basteln, das erzählen und zeigen Bussi-Bär und Bello hier.

Bussi-Bär bastelt Kastagnetten

Kastagnetten basteln und das neueste Bussi-Bär-Lied am Strand singen, das sind tolle Ferienerlebnisse. Eigentlich sind Kastagnetten spanische Musikinstrumente aus zwei kleinen hölzernen Schalen, die in einer Hand rhythmisch gegeneinandergeschlagen werden.
Bussi-Bär bastelt am Strand seine Kastagnetten mit vier Kronenkorken von Limonadenflaschen, zwei rechteckigen Kartonstücken und Wolle. Alleskleber und eine Rundschere benötigt Bussi-Bär auch.
Zuerst schneidet Bussi-Bär zwei Stücke Karton in den Längen 10 cm und in den Breiten 5 cm zu, und er ritzt die zwei Mittellinien ein. Mit Alleskleber befestigt Bussi-Bär die vier Kronenkorken.
Ratsam ist es, außen an den Kastagnetten auf jeder Seite Wollschlaufen zu befestigen. So können die Kinder die Wollschlaufen über die Finger und den Daumen ziehen, und die Kastagnetten sitzen sicher in der Hand. Deshalb müssen in jede Kastagnette vier Löcher eingestochen und die Wollfäden durchgezogen und verknotet werden.

Es klappert der Bussi am rauschenden Strand

Nach der bekannten Melodie von „Es klappert die Mühle am rauschenden Bach" dürfen alle Kinder in der Welt dieses neue Bussi-Bär-Lied singen, und mit ihren gebastelten Kastagnetten klappern die Kinder den Rhythmus.

Freude und viel Sonnenschein, herrliche warme Ferien sollen für Strubbelpeter und Schnatterliese sein. Und strahlt die Sonne warm am Himmel, wissen die Zwillinge, wie sie sich am besten schützen...

Strubbelpeter, Schnatterliese,
die Geschichte, die ist diese:

Wasser, Sonnenschein und Sand,
viele Kinder spielen am Strand.
Vetter Klaus liegt voller Wonne,
aber schutzlos in der Sonne.

Liese und Peter, diese zwei,
haben einen Schirm dabei.
Doch ein solcher, wie ihr hier seht,
wird von ihrem Vetter Klaus verschmäht.

Das Kläuschen trägt trotz Sonnenglut
nicht einmal einen Sonnenhut.
Liese mahnt: „Klausi, schmier dich ein!"
Jedoch der Klaus sagt trotzig: „Nein!"

Bei einem solchen Unverstand
kriegt man schnell einen Sonnenbrand.
„Ihr zwei vielleicht", spricht Kläuschen stolz,
„doch ich bin aus dem harten Holz!

Ihr zwei mit eurer zarten Haut!
Wenn einer so wie ich gebaut,
braucht man das Öl und Schmiere nicht,
ich leiste gern darauf Verzicht.

Ich", höhnt Klaus, „habe eben Mut,
und brauche weder Schirm noch Hut.
Fürchte mich nicht vor Sonnenbrand."
Liese, Peter spielen im Sand.

Während dann heiß die Sonne brütet,
toben sie froh wohlbehütet,
recht unbesorgt im kühlen Naß
und haben einen Riesenspaß.

Vetter Klaus grillt jetzt den Rücken,
aber dann spürt er ein Zwicken.
Jawohl, sein ganzer Körper brennt.
Ja, Klaus, das nimmt ein schlimmes End'!

Als er steht auf, sieht unser Klaus
wie ein gegrilltes Hähnchen aus.
Läuft davon, sich abzukühlen,
wer nicht hören will, muß fühlen!

Strubbelpeter, Schnatterliese,
die Geschichte, die war diese.

Ferien, Freude, Sonnenschein, auf einer Insel sind Strubbelpeter und Schnatterliese mit ihren Eltern vereint. Und sind die Eltern nicht am Strand, nimmt Kapitän Strubbelpeter das Steuerrad selbst in die Hand...

Strubbelpeter, Schnatterliese,
die Geschichte, die ist diese:

Die Familie hat vereint,
dort, wo warm die Sonne scheint,
auf Mallorca, grad' entdeckt,
daß der Reis da köstlich schmeckt.

Mutti hat noch was zu tun,
Vati will ein wenig ruhn.
Doch die Kinder zieht es sehr
an den Strand, ganz nah ans Meer.

Nicht bewacht und unbehütet
liegt das Boot, das Paps gemietet,
schaukelt träge vor sich hin,
scheinbar ohne Zweck und Sinn.

„Schwimmst du nachher“, fragt die nette
Liese, „mit mir um die Wette?“
„Klaro, Liese, ist okay!“
Da hat Peter die Idee!

Liese ist zutiefst erschrocken,
will zurück den Bruder locken.
Diesem ist das einerlei.
„Leinen los!“ ruft er. „Ahoi!“

Er zischt ab, der Diesel knattert,
Liese bleibt zurück, verdattert.
Und das Boot fliegt wie ein Speer
übers weite Mittelmeer.

Riesig ist es, durch die Wellen
wie ein Pfeil dahinzuschnellen.
Peter jubelt: „Trallala,
bald bin ich in Afrika!“

Ei, das flutscht ja ganz vorzüglich,
denkt der Peter sehr vergnüglich,
und er schmettert immer wieder
Seemanns- und Piratenlieder.

Da, o Schreck, in hohem Bogen
packen Peter wilde Wogen,
spülen beinahe ihn von Bord.
Er schreit laut: „Hilfe, das ist Mord!“

Schlimm ist es in diesem Falle,
wenn der Dieseltreibstoff alle.
Weil auch Peter dies empfand,
schwimmt er ohne Boot an Land.

Zitternd wie ein Zitterrochen
ist er an den Strand gekrochen.
„Marsch, ins Haus!“ sagt Vati gleich.
„Dieses war ein übler Streich!“

Strubbelpeter, Schnatterliese,
die Geschichte, die war diese.

Muschelbilder am Strand legen

Große und kleine Muschelbilder am Strand zu legen, macht allen Kindern sehr viel Spaß. Ein großer Bussi-Bär-Kopf mit Muschelmund, Augen, Augenbrauen, Nase und zwei Ohren legt der Junge in den Sand. Gerne legen Bussi-Bär und Bello Muscheltiere wie Schmetterlinge, Vögel, Enten und ein langes Krokodil.

In den Bergen wandern Strubbelpeter, Schnatterliese und ihr Vetter Klaus. Doch auf dem Wandersweg sollten die drei Kinder bleiben. Jedoch das will nicht der Vetter Klaus. Und so nimmt das Schicksal seinen Lauf...

Strubbelpeter, Schnatterliese, die Geschichte, die ist diese:

Peter, Liese und ihr Vetter
kraxeln hier bei schönstem Wetter
im Gebirg'. Das kostet Schweiß…
„Seht", ruft Klaus, „ein Edelweiß!"

Diese Blume will er haben.
Peter warnt den kecken Knaben,
aber der macht scheinbar schlapp,
greift ins Leere und rutscht ab!

Hilflos liegt er auf dem Rücken,
denkt nicht mehr ans Blumenpflücken.
Schauerlich ruft sein Geschrei
Peter und die Lies' herbei.

Schuld, daß es so kommen mußte,
ist Klaus selber, weil er wußte,
denn er hält es für gewitzt,
das ein Edelweiß naturgeschützt.

Der Naturschutz ohne Frage,
ist ganz wichtig heutzutage.
Und das niemand ihn verletzt,
gibt's natürlich ein Gesetz.

Klaus hat sich den Schienbeinknochen
und dazu den Fuß gebrochen.
Sicherlich ein hoher Preis
für ein schlichtes Edelweiß.

Liese spendet Trost dem Vetter,
Peter bringt inzwischen Bretter,
Latten und noch mancherlei
für den Abtransport herbei.

Praktisch ist in solcher Lage
eine so stabile Trage,
wie der Peter sie erstellt,
Liese fragt: „Ob die auch hält?“

„Aber klaro“, schmunzelt Peter,
und ein kleines Weilchen später
liegt darauf der kranke Klaus
und ruht sich mal gründlich aus.

Zwar hat Klaus noch immer Schmerzen,
doch er kann schon wieder scherzen:
„Sehr gesund“, grinst er verschmitzt,
„ist's, wenn ihr zwei beim Gehen schwitzt!

Mir hingegen macht's Vergnügen,
auf der faulen Haut zu liegen …“
Liese, Peter schrein empört:
„Das ist wirklich unerhört! …“

Strubbelpeter, Schnatterliese,
die Geschichte, die war diese.

Ferien auf dem Reiterhof sind das Allerschönste für Strubbelpeter und Schnatterliese. Und wo die Ponys traben und die Kinder fröhlich reiten, sollten niemals Stöcke fliegen…

Strubbelpeter, Schnatterliese,
die Geschichte, die ist diese:

Bei den Ponys auf der Wiese
sind heut' Peter und die Liese.
Und sie wollen gleich ausreiten,
Heiterkeit soll sie begleiten.

Am Sattel hat die Lies' zu tun,
und das Ponylein will nicht ruhn.
Trabt flott und wiehert vor sich hin,
doch scheinbar ohne Zweck und Sinn.

Endlich tut's dem Kind gelingen,
jetzt auf das Pony sich zu schwingen.
Stolz sitzt die Liese obendrauf,
der Ritt beginnt, im schnellen Lauf.

Der Peter reitet nebenher,
dem Jungen fällt es gar nicht schwer,
mit der Schwester Schritt zu halten.
Stramm läßt er die Zügel walten.

Liese lacht mit heit’rer Miene,
um die Blume summt die Biene:
„Bruderherz, heute ist ein Tag,
wie ich den Tag so gerne mag!“

Liese, hier noch ziemlich munter,
reitet froh den Berg hinunter,
im tiefen Wald spielt Vetter Klaus
mit großem Hund aus Nachbars Haus.

Der Stock von Klaus fliegt hoch und weit,
sein treuer Hund, der steht bereit,
will dann schnell laufen wie der Wind,
doch Klausis Stock trifft Tier und Kind.

Selbst die Ruhe zu bewahren,
schafft das Tier nicht bei Gefahren.
Das Pony von Liese wiehert laut,
und böse nach dem Stock es schaut.

Da, o Schreck, es fliegt die Liese
mit dem Hintern auf die Wiese.
Ihr Bruder Peter eilt herbei,
und neu ertönt ein Hilfeschrei.

Liese ist zutiefst erschrocken.
„Aus dem Wald muß ich ihn locken,
unseren dummen Vetter Klaus.“
Sie schauen nach dem Täter aus.

Aber Klaus kann's nicht gelingen,
sich in Sicherheit zu bringen.
Jawohl, das war ein übler Streich,
doch den Klausi trifft es zugleich.

Strubbelpeter, Schnatterliese,
die Geschichte, die war diese.

Ein Zirkus ist in der Stadt, die Nachbarn sind verreist, und im Nachbargarten liegen viele, viele Äpfel. Strubbelpeter und Schnatterliese können nicht alle Äpfel essen, aber verkaufen...

Strubbelpeter, Schnatterliese,
die Geschichte, die ist diese:

Was nützt ein Zirkus in der Stadt,
wenn man kein Geld für Eintritt hat?
„Ja, Peter, wenn zu dieser Frist
Ebbe in deiner Kasse ist.“

Lies' lacht: „Hier hilft kein Gezeter.
Mach dir keine Sorgen, Peter,
denn mir kommt da, wie ich gesteh',
grad eine herrliche Idee!"

Die geschloss'nen Fensterläden
bei den Nachbarn können reden.
Die Nachbarn sind zur Zeit verreist,
ihr schöner Garten ist verwaist.

Listig blickt man über den Zaun.
Liese sagt: „Laß uns Äpfel klau'n!
Diese machen wir dann zu Geld
für einen Platz im Zirkuszelt."

Peter hat zuerst Bedenken.
„Die“, meint Liese, „kannst du dir schenken.
Den Butter- oder Apfelberg
abbauen, ist ein gutes Werk!“

Um die Ernte einzubringen,
paßt es gut, ein Lied zu singen:

„In einem kleinen Apfel,
da sieht es lustig aus,
darinnen sind fünf Stübchen,
grad wie in einem Haus.

In jedem Stübchen wohnen
zwei Kerne, braun und klein.
Und alle Apfelkerne,
die haben einen Traum,
daß einst aus ihnen werde
ein großer Apfelbaum.“

Ja, bald schon ist das Körbchen voll,
und beide freuen sich wie toll.
Die Kinder, durch Gesang erstarkt,
schleppen dann froh den Korb zum Markt.

Wie die Venus einst von Milo
strahlt Liese. Ein schlappes Kilo
bringt, wer es nicht glaubt, der irrt sich,
den Kindern zwei Mark und vierzig.

Jetzt können sie Clowns besuchen,
und die Nachbarn dann mit Kuchen
empfangen, wenn sie kehren heim –
die Tat muß für die Äpfel sein!

Strubbelpeter, Schnatterliese,
die Geschichte, die war diese.

Bussi in der Stube

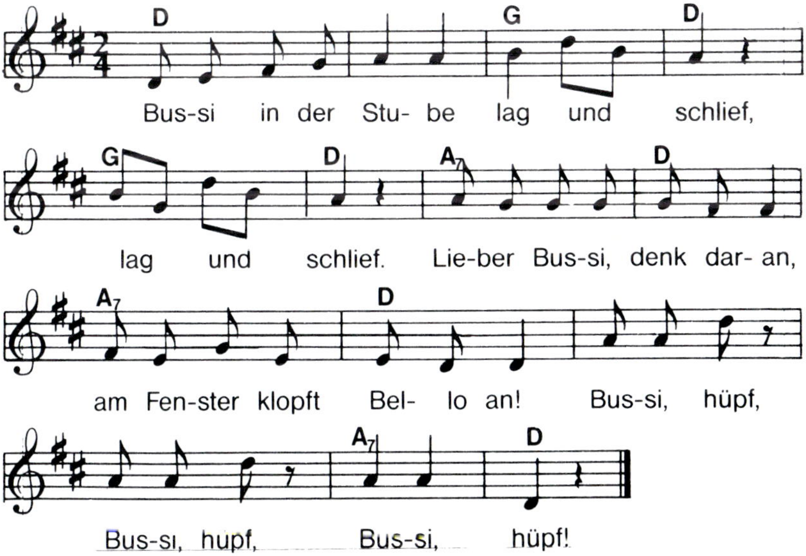

Mit was verreisen wir?

Ein Spieler stellt pantomimisch dar, mit was er gerne verreisen will. Der Spieler darf nicht reden. Die anderen Kinder raten.
Mit den Händen zeigt der darstellende Spieler die Größe seines Reisefahrzeuges. Er zeigt, ob das Fahrzeug vier Räder wie ein Auto oder mehrere Räder wie ein Zug hat.
Verreist der Spieler mit einem Fahrrad, zeigt er, wie lang und wie schmal das Fahrrad ist, tritt in die Pedale und bremst, und er zeigt die Armbewegungen zum vorschriftsmäßigen Abbiegen.
Will der Spieler mit einem Hubschrauber fliegen, schaut er nach oben, macht kreisende Handbewegungen für den rotierenden Propeller, und er macht schnelle Handbewegungen, die das Fliegen darstellen sollen.
Die Mitspieler schauen genau auf die Darstellung und raten. Wer richtig geraten hat, ist nun an der Reihe, und er zeigt, mit was er verreisen will.

Es sind Winterferien. Strubbelpeter und Schnatterliese nehmen an einem Skikurs in der Skischule teil.
Hüften schwingen, in die Hocke gehen, das üben die Kinder, und Strubbelpeter fällt sogar als Meister vom Himmel...

**Strubbelpeter, Schnatterliese,
die Geschichte, die ist diese:**

Winterfreuden, ohne Frage,
sind ganz wichtig heutzutage,
und ein Skikurs hat einen Sinn.
Peter und Liese gehen hin.

„Den Körper beugen, seht mal her,
sonst wird passieren euch ein Malheur.
Bei der Abfahrt aufrecht stehen
und dann in die Hocke gehen."

„Was der da sagt, ist großer Quatsch!"
Schnell macht der Peter einen Satz,
und er lacht ganz froh und munter:
„Fahr' allein den Berg hinunter!"

„Peter, laß diesen dummen Streich!"
ruft laut das Schwesterherz zugleich.
Ihm ist es jedoch einerlei.
„Was ihr da macht, ist Kinderei!"

Und Strubbelpeter fährt nun ab.
Hoffentlich macht Peter nicht schlapp,
denkt leis der Lehrer, und er schreit:
„Komm, Lies', jetzt üben wir zu zweit!"

Ei, das läuft ja sehr vorzüglich,
denkt der Peter sehr vergnüglich.
Doch die Freude währt nicht lange,
bald ist Peter angst und bange.

Denn es ändert sich die Handlung,
eine schreckliche Verwandlung.
Strubbelpeter schaut nicht mehr froh,
bald sitzt er naß auf seinem Po.

Der Peter wirbelt durch die Luft,
sieht weißen Schnee und tiefe Kluft.
Und Peters lauter Hilfeschrei
ruft Liese und den Mann herbei.

Beide sehen, was hier geschah.
Hilflos liegt Strubbelpeter da.
„Weiter geht's! Nur keine Bange!
Meister üben sehr, sehr lange!“

Will der Lehrer heiter scherzen.
Unser Peter spürt die Schmerzen,
jedoch dem starken Supermann
sieht man es in der Tat nicht an.

Es beginnt in muntrer Runde
eine weit're Übungsstunde.
Peter schwingt die Hüften kläglich,
er muß üben, aber täglich.

Strubbelpeter, Schnatterliese,
die Geschichte, die war diese.

Strubbelpeter ist erfinderisch, und er zaubert eine Eisfläche in den Garten.

Im sonnigen Süden sind Strubbelpeter und Schnatterliese. Sie spielen am Strand, bauen eine Sandburg, und allzugern möchte Strubbelpeter einen Fisch angeln…

Strubbelpeter, Schnatterliese, die Geschichte, die ist diese:

Am Strand zu spielen, fröhlich, frei,
die Lies' und der Peter sind dabei.
Und weil's sehr viel Freude macht,
ist ihre Sandburg eine Pracht.

Dann greift Liese nach dem Ruder,
in das Meer schiebt sie der Bruder
mit dem Kurs nach Afrika:
„Trallala, bald sind wir da!"

In das Boot springt Peter nun,
hat gar mächtig viel zu tun.
„Angel raus aus dem Versteck!"
ruft der Fischermann hier keck.

Die Liese muß die Ruder halten,
Peter darf sich frei entfalten,
schnell will er die Fische locken,
wirft ins Meer den größten Brocken.

Die Fische springen eins, zwei, drei,
heiter, munter, fröhlich und frei.
Schnatterliese rudert weiter,
Peter schaut bis jetzt noch heiter.

An die Angel soll ein Hecht,
und kein dünner, bunter Specht,
der hoch springt voll Übermut:
„Danke, Peter, das schmeckt gut!"

Fische freuen sich wie verrückt,
weil es dem Angler hier nicht glückt.
Es ist so ziemlich aussichtslos,
Peters Wille, der ist noch groß.

Dann ist Fischers Leid vergessen,
Peter zieht hier wie besessen,
an seiner Angel, immer mehr,
will den größten Fisch aus dem Meer.

Doch es wartet Ungemach,
hilflos schaut die Liese nach.
Und der Strubbelpeter platscht,
in das Wasser, daß es klatscht.

Aus dem Wasser springt gewitzt,
ein Delphin, der selber schützt,
was Strubbelpeter gerne mag,
im Meer an diesem Sommertag.

Der Delphin ist sanft und gütig,
Peter still und etwas wütig,
hört, was jetzt die Liese spricht:
„Fische fangen lohnt sich nicht!“

Strubbelpeter, Schnatterliese,
die Geschichte, die war diese.

An einem kleinen Waldsee stellt Strubbelpeter das Zelt auf, und er möchte einige Ferientage mit seiner Schwester hier verbringen. Nach getaner Arbeit springen beide in das Wasser, und ein Waldbewohner erscheint...

**Strubbelpeter, Schnatterliese,
die Geschichte, die ist diese:**

Ferien, Freude, Sonnenschein:
„In diesem Wald sind wir allein,
und auch der See ist eine Pracht“,
freudig Liese hier rennt und lacht.

Jawohl, das ist ein Badespaß,
und aus dem Wasser in das Gras,
springt hier der Frosch, erfüllt von Schreck.
Und Peter schwimmt der Liese weg.

Ohne Schrecken, ohne Furcht ist
ein Wildschwein plötzlich voller List
vor Peters Zelt, und schaut sich um.
Wildschwein Grunzi ist ja nicht dumm.

Peter, Lies’ im Wasser toben,
und vom Walde, ganz weit oben,
kam Wildschwein Grunzi zu dem Zelt,
mag etwas fressen, ohne Geld.

Grunzilein ist nun vergnüglich,
was sie findet, schmeckt vorzüglich,
und sie frißt, ganz ohne Sorgen,
für den heut'gen Tag und morgen.

Ja, alles, was das Herz begehrt
wird schnell von Grunzilein verzehrt,
der Schinken und die Leberwurst,
nun hat das Wildschwein großen Durst.

Sie schleckt den guten Kräutertee
und fühlt sich wie die Märchenfee,
nur etwas dicker, kugelrund,
der Tee schmeckt gut, ist sehr gesund.

Als die letzte Dos' geleert,
grunzt Grunzilein: „Ist nicht verkehrt,
nun fein zu schlafen in dem Zelt,
ja, herrlich ist die Ferienwelt."

Und endlich ist es dann soweit,
die Kinder kommen, Liese schreit:
„Du böses Wildschwein, komm heraus,
das große Zelt ist unser Haus!“

Vom Schreien wacht nun Grunzi auf,
folgt samt dem Zelt im schnellen Lauf
Peter und der Schnatterliese.
Nun ist Gefahr auf der Wiese!

Strubbelpeter, Schnatterliese,
die Geschichte, die war diese.